藏在传统节日里的秘密

申　楠◎编著

秋冬卷

石油工業出版社

前言

QIAN YAN

小朋友们，你们一定喜欢过各种各样的节日吧，因为过节时往往很热闹，会有很多人一起玩，可能还有美味的食物、漂亮的衣服、充满惊喜的礼物。

每个传统节日都不是无缘无故出现的，背后有各自的传说与由来，并且在岁月的变迁中形成了各式各样的习俗。这些节日与习俗一起，成了中华传统文化的重要组成部分。对于这些节日，你了解多少呢？你知道它们是怎么来的，又分别有哪些重要习俗吗？“藏在传统节日里的秘密”这套书，将为你解开中国传统节日背后的秘密。

这套书一共分成春夏卷、秋冬卷两卷，本卷是秋冬卷，着重介绍了七夕节、中元节、中秋节、重阳节、腊八节、小年、除夕

这七个传统节日。牛郎和织女为什么要在鹊桥上相见？中元节为什么要焚烧纸钱？圆圆的月亮每个月都能看见，为啥非得在中秋节这天赏月？为什么要在重阳节登高？除夕究竟是要“除”什么？等等。诸如此类的问题，你都能在这本书中获得答案。

事实上，秋冬两季还有一些历史悠久的传统节日，像寒衣节、下元节、冬至等等，它们也是中华优秀传统文化的体现，但由于本书篇幅所限，没有对它们展开讲述。感兴趣的小朋友可以通过其他渠道深入了解。

由于时间仓促，加上编者自身的学识有限，书中难免存在一些不足之处，希望陪伴孩子阅读的家长、老师，相关专家、学者，以及充满好奇心的小朋友们及时给我们指正，以便于再版时修订。

你了解哪些传统节日

春节——正月初一

元宵节——正月十五

龙抬头——二月初二

花朝节

上巳节——三月初三

端午节——五月初五

清明节——春分后十五日

寒食节——清明节前一两日

腊八节
腊月初八
小年
腊月廿三
除夕
腊月三十
冬至
下元节
寒衣节
重阳节
九月初九
天贶节
七夕节
七月初七
中元节
七月十五
中秋节
八月十五

目录

MU LU

七夕节

中元节

中秋节

重阳节

腊八节

小年

除夕

七夕节

七月初七

牛郎织女，相约鹊桥

七夕是最浪漫的中国传统节日之一，它起源于一个美丽的传说。

很久以前，凡间有一名男子叫“牛郎”，他爱上了一个叫“织女”的天仙。俩人相爱后结为夫妻，并且生下了一儿一女。王母娘娘知道这件事之后，大发雷霆，立即派遣天兵把织女给抓回了天庭。痴情的牛郎伤心不已，带着两个孩子在后面一路追赶，眼看就要追上了。这时，王母娘娘从头上拔下金钗随手一划，一道银河突然横在牛郎面前，挡住了他前进的脚步。银河看似清浅，却根本无法横渡，分隔在两岸的牛郎织女只能隔着河遥遥相望，每年只允许在农历七月七日这天相见一次。

没有桥，过不了河，牛郎织女又如何见面呢？知道来龙去脉的喜鹊非常感动，为了让俩人能够在七夕这天团圆，世上的喜鹊纷纷从四面八方飞来，用身体搭成一座桥，牛郎织女从两岸上桥，最终完成了一年一度的相会。

牛郎织女的爱情故事自古就是一段佳话，二人依依不舍、不离不弃的婚姻态度也令无数人动容。

随着时间的推移，传说中牛郎织女相会的日子，慢慢变成了民间祈求美好姻缘的吉日。过去，婚姻是决定女孩子一生幸福的终身大事，所以，那些痴情的女子也愿意在七夕之夜，对着星空祈祷自己能拥有美满幸福的婚姻。渐渐地，这一天就变成中国年轻男女相互表达爱意的情人节了。

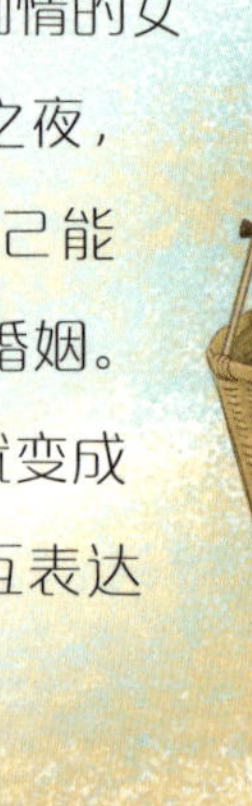

七夕古诗——《迢迢牵牛星》

迢迢牵牛星

迢迢牵牛星，皎皎河汉女。
纤纤擢素手，札札弄机杼。
终日不成章，泣涕零如雨。
河汉清且浅，相去复几许。
盈盈一水间，脉脉不得语。

译文

看那遥远的牵牛星，又明又亮的织女星。织女伸出细长白净的手摆弄织布机，发出札札的织布声。然而一整天也织不出一整匹布，哭泣的眼泪像雨一样滴落。这银河看上去又清又浅，牛郎星和织女星相距才多远啊。虽然只相隔着一条清浅的银河，但是他们也只能含情脉脉地相视无言。

牛郎织女能见到面吗

按神话故事所说，牛郎和织女会在七夕这天相会于鹊桥。那么从科学的角度，天上的牛郎星和织女星究竟能不能见到面呢？

科学家们已经研究过这个问题了，答案是——不能。

我们站在地球上用肉眼观察，牛郎星和织女星好像只隔着一条浅浅的银河，距离大约只有一个手指头那么宽，但实际上相隔很远，大约有 16.4 光年。光年是个长度单位，指以光速跑一年的距离。16.4 光年是什么概念呢？假设从牛郎星打个电话到织女星，要过 16.4 年织女才能接到这个电话。而织女问一句“是牛郎吗？”这句话也得过 16.4 年才能传到牛郎星。牛郎再回一句“是啊，马上……”，这句话传回织女星，又是 16.4 年过去了。

嘟——嘟——嘟——……

是牛郎吗?

过了 16.4 年，电话接通了……

是啊，马上……

又过了 16.4 年，牛郎听到了织女的声音，然后说了第一句话……

太好了，那咱们七夕那天鹊桥见！

第三个 16.4 年

好的，不见不散！

第四个 16.4 年

嗯，再见！

第五个 16.4 年

这么简单聊几句，大半个世纪就没了……连打电话都要这么久，更何况是见面呢？

我想你……

又一个重日

小朋友，不知你有没有注意到，前面讲过的很多传统节日，它们的日期都有一个特点——月和日的数字相同。例如，大年初一也叫“正月正”，是春节的起点，然后是二月二龙抬头、三月三上巳节、五月五端午节，七夕节是七月七，之后还有九月九重阳节。

这里面有什么讲究吗?

原来，古人把这类日子叫“重日”，成为节日的重日则被视为“吉庆日”，属于“天人相通”的好日子。这里面暗含着人们过去对数字和时间的崇拜，例如：“一”代表万物之始；《道德经》中有“三生万物”的讲法；五、九也是很重要的数字，成语“九五之尊”代表地位与权威。

至于“七月七”也是吉庆日，是因为古人把日和月，以及水、火、木、金、土五大行星合称“七曜”，最初源于我们祖先对星辰的自然崇拜，后与时间挂钩，用来表示一周的七天。深受中国传统文化影响的日本，至今还在用“七曜”来表示“星期”。

储七夕水

从上巳节的祓禊衅浴，到端午节的泡沐兰汤，再到储七夕水，我们可以发现，古时候不少的节日习俗都跟水有关。这一切或许是因为，过去的人们认为水能洗去一切不洁的东西。眼睛能看见的一般污垢，用清水洗一洗就好；如果是身上的疾病与晦气，用加了药草的水，或者神灵碰过的水洗一洗就好。

相传在七夕这天，天上的仙女会下凡，到河流湖泊中沐浴梳妆，凡人用这种沾了仙气的水洗澡，可以治病驱邪。为此，古人会在七夕这天清早，公鸡刚刚打鸣的时候赶到河边取水，然后倒入家里的水缸中存起来备用，生怕去晚了，仙水就给别人取光了。

乞巧、斗巧、吃巧食

七夕节还有另外一个名字——乞巧节。由于地域文化差异，各地节日活动内容也各不相同。

相传七姐，也就是织女星，掌握高超的纺织技术，同时还是情侣、妇女、儿童的保护神。七月初七是她的诞辰，过去，女人们会在这天的傍晚时分向七姐祈福许愿、祈祷姻缘，还会乞求七姐传授心灵手巧的技艺，好让自己在女红方面技高一筹。

乞巧的同时，女人们还会用“斗巧”的方式展现自己的技艺，比如穿针引线、做巧食，以及用面塑、剪纸、彩绣做装饰品，等等。这个展示技艺的过程中，谁的技艺好，谁就得巧。

“巧食”过去专指七夕节吃的零食，而巧果就是其中的一种类型。

做巧果时，先要将糖熔化成糖浆，然后和入面粉、芝麻，拌匀后摊在案板上擀平、晾凉，接着用刀切块，再用手折成不同形状的巧果胚子，最后到油锅中炸成金黄之后便做好了。手艺巧的女子，会把巧果胚子折出各种与七夕有关的花样，谁折得好看、新奇，谁就能在做巧食这项斗巧之中胜出。巧果除了有新奇好看的形状，往往还会印上状元、魁星等人物形象的花纹，吃了这些巧果，就能收获吉祥与好运。

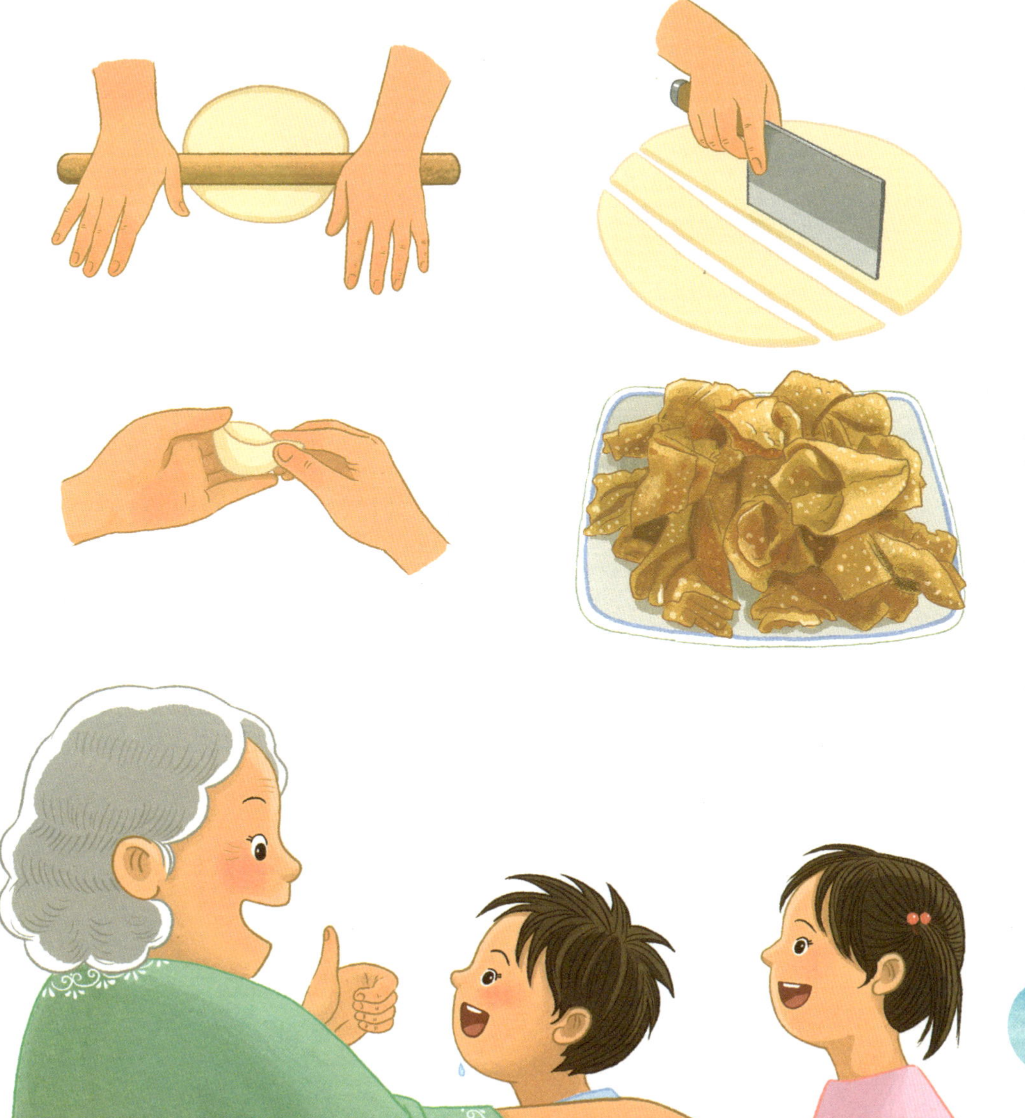

听天语，夜观星

七夕这天夜里，如果天气晴朗，便可以体验“听天语”“夜观星”的浪漫。

相传过去一些渴望获得好姻缘的女子，会在七夕这天的夜深人静之时，悄悄来到葡萄架或瓜棚的下面，偷听牛郎织女在银河相会时的悄悄话，听到这些内容的人，将有幸收获幸福美满的感情。这个习俗便是“听天语”。

至于“夜观星”，就是在天上寻找牛郎织女星。由于初秋时节天高云淡，夜空中群星耀眼，很适合观看星空，因而有了七夕观星的习俗。唐代诗人杜牧便记录了这一习俗，在《秋夕》诗中留下了“天阶夜色凉如水，卧看牵牛织女星”的名句。古代一些注重仪式的家庭，甚至还会提前准备好时令水果，对着皎洁明月与星辰行祭拜礼。

动动眼，找星星

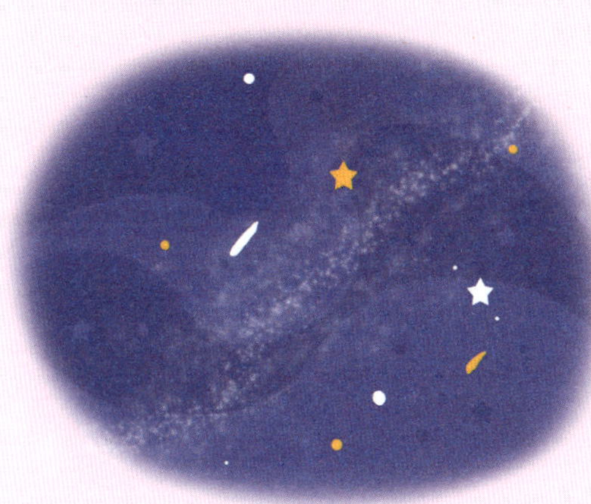

1 夏季天气晴朗的夜晚，夜空中那条横贯南北的白色天河就是银河。

2 织女三星位于天顶，是北方夜空的第二亮星。

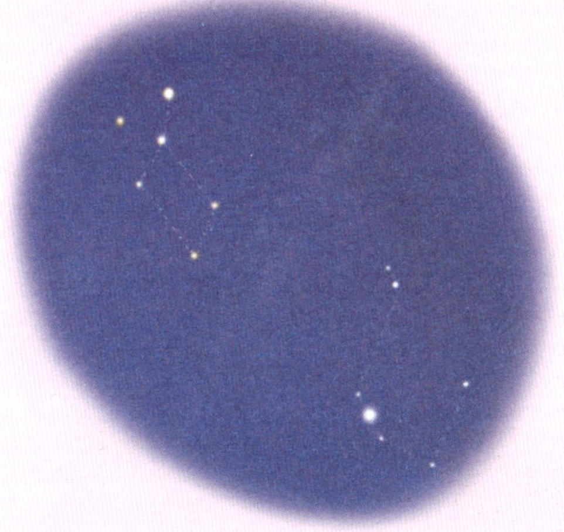

3 顺着织女的视线往东南方向找，就能找到牛郎星。

4 牛郎星的两边各有一颗小星，因此又叫扁担星，人们认为这两颗小星是牛郎织女所生的一双儿女。

七夕节小问答

考考你

1. 下面哪件事和传统的七夕节没有关系?

A. 吃巧食　B. 储水　C. 看星星　D. 放河灯

2. 你能背诵《迢迢牵牛星》这首诗吗?

3. 下面哪件事不属于七夕习俗“斗巧”的内容?

A. 吃巧食　B. 穿针引线　C. 做巧食　D. 做装饰品

答案

1.D。2.略。3.A。

七月十五

七月十四的秘密

“七”是一个非常神奇的数字，一周有“七天”，自然界的光有“七色”，音乐有“七音”，我国古代的诗歌有“七律”，我国古人认为天上有“七星”、人体有“七窍”，传统殡葬习俗中也有“头七”的讲法。将人的成长阶段大致分段，差不多也是以七年为周期：七岁开始上学，十四岁进入青春发育期，二十一岁左右进入成人阶段，二十八岁前后步入婚姻殿堂……

《易经》中将有些特殊色彩的“七”称为“复生之数”，认为“反复其道，七日来复，天行也”，大致的意思是：天地之间的阳气消失后，只要经过七天就可以重生，这是天地运行、阴阳循环的规律。此外，七月还是过去民间公认的吉祥月、孝亲月，而十四刚好是“七”的两倍，也叫“二七”，因此，与“复生之数”极有渊源的七月十四，就成了古人心目中祭祀的好日子。

秋偿之祭

在七月十四这天祭祀，这种仪式最早可以追溯到上古时期。由于那时的生产水平非常低，完全靠天吃饭，因此人们便把农业丰收的希望全寄托在了神灵的庇佑上。过去在这一天里，家家户户祭奠已故亲人的同时，还会在自家的门口焚香，另外还会像插秧布田那样，把一根根的香插在自家的地里。插得越多，就好像地里的庄稼长得越茂盛一样，通过这种方式表达内心对丰收的期盼。这类祭祀一年四季都有，前面已经提到了一些，后面的节日中还会出现。

秋天是丰收的季节，这时的祭祀物品大都是刚收获的时令佳品，新收的稻米就是其中之一，因而也有“秋偿之祭”的叫法，一方面向祖先、神灵报告好收成，另一方面感谢他们这一年来的眷顾。等神灵“品尝”完毕后，人们再享用这些果实与作物，希望这份丰收的福分还能延续到下一年。

盂兰盆节

盂兰盆节是佛教的一个节日，它和中元节在同一天。

“盂兰”是从古老的梵语中音译过来的讲法，指“倒悬之苦”，也就是一种极端困难的处境，而“盂兰盆”就是解除这种痛苦的意思。通过盂兰盆法会、盂兰盆斋、盂兰盆供等活动，可以让去世的亲人免受苦难，同时还能让在世的父母添福添寿，相当于报答父母的养育之恩。今天，在汉语系不少信仰佛教的地区都还保留着这些活动。

为什么中元节也称“鬼节”

中元节的叫法来自道教。

相传，七月半夏秋之交的时候，刚好是天地阴阳交替的节点，进入阴间的魂魄会通过这一天敞开的地狱之门来到人间，于是古时候的人们要摆出酒肉、糖饼、水果等食物，广泛地进行祭祀活动，以慰游荡在人间的魂魄，同时保佑自己顺利、平安。有些富贵家庭还会请出佛像、菩萨像，或者邀请道士扮成驱魔大神钟馗，驱散亡魂的戾气。因此中元节也称“鬼节”。

三俗合一的“新中元”

现在的中元节，其实是秋祭民俗、佛教盂兰盆节、道教中元节三俗合一的结果，有人把中元节叫“七月半”，有人把它叫“盂兰盆节”，有人习惯叫它“鬼节”。在历史的发展过程中，道教逐步兴起，“三元说”中的“中元”慢慢在唐朝时被固定为节日名称，于是中元节慢慢成了三俗之中的主流叫法。

至于中元节的日期则有七月十四、七月十五两个版本，这是因为七月十四是上古时期的民间祭祖日，而中元节和盂兰盆节的日期都是七月十五，合并时两个日期都得到了保留。如今，北方大部分地区都在七月十五过中元节，而华南地区一般把七月十四视为中元节。

七言律诗——《中元夜》

中元夜

【唐】李郢

江南水寺中元夜，金粟栏边见月娥。
红烛影回仙态近，翠鬟光动看人多。
香飘彩殿凝兰麝，露绕轻衣杂绮罗。
湘水夜空巫峡远，不知归路欲如何。

江南水寺的中元之夜，一轮明月出现在灯火阑珊的栏杆边。摇曳的红色烛影让人感觉仿佛有仙人临近，不远处的山峦上光影跳动好像有很多人。凝聚名贵香料的空气萦绕在五彩殿堂中，夜里的露水沾在前来上香人的衣服上。抬头看见的是远离巫峡的湘江夜空，不知道未来的归途会怎么样。

焚纸锭

中元节曾经有非常多的习俗，流传至今并且广为人知的，就是焚纸锭，也就是烧纸钱。

古时候的人认为，人去世之后去的那个世界叫阴间，和人间的阳间相对，并且历来流传一种说法：人间的纸到了阴间就会变成钱。于是，过去到了祭祀的日子，人们就会通过烧纸的方式给逝去的亲人送钱，好让他们能在另一个世界中过得“舒适”一些。

除了焚纸锭，有些地方在中元节的晚上还会焚香、放鞭炮。

请牌位

很多古装电视剧中都会出现一种叫“牌位”的物品，它是一种供人们祭奠的木牌，上面写着已经去世的人的姓名，作为逝者灵魂离开肉体之后的安魂之所。现在已经很难在日常生活中见到牌位了，如果有人去世，一般都是摆放或悬挂逝者的照片、画像来祭奠。

古人平时不会轻易移动牌位，但中元节这天除外。过去民间有种说法，故去的祖先会在这天回到家中探望子孙，所以需要祭祖，它体现的是慎终追远这种传统伦理。中元节这天的祭拜一般在傍晚前后开始，祭拜时要把先人的牌位依次请出来，恭恭敬敬地放到摆满饭菜瓜果和酒水的供桌上，每位先人的牌位前还要插上香。这种祭祀的仪式就是请牌位。

放河灯

相传，中元节放河灯与元宵点灯的习俗还有千丝万缕的联系。元宵节又叫上元节，过去有种说法，上元节是活在阳间的人过的节日，去世之后来到阴间的魂魄只能过中元节。

根据古代的阴阳之说，陆为阳，水为阴。上元节点灯是在陆地上，中元节的点灯就得在水中进行。过去的中元节放灯，主要表达的是对逝者的纪念与追忆，我国南方不少地方，至今还将放河灯视为中元节的一项重要习俗。

动动手，放河灯

1 准备一艘用蜡光纸折成的小船。

将蜡烛粘在船上。

3 放入小石子，不断调整它们的数量和位置，使船身保持平衡。

点燃蜡烛后，就可以在爸爸妈妈的保护下去水边放灯了。

中元节小问答

考考你

1. 下面哪件事和传统的中元节没有关系?

A. 登高处　B. 祈求丰收　C. 焚烧纸钱　D. 放河灯

2. 中元节的“三俗合一”，除了道教中元节和佛教盂兰盆节，还包括哪一个?

A. 秋偿之祭　B. 冬偿之祭　C. 春偿之祭　D. 夏偿之祭

3. 知道中元节的来历之后，你还会害怕“鬼节”吗? 说说你的看法。

答案

1.A。2.A。3.略。

中秋节
八月十五

古老的“祭月节”

中秋节最早和上古时代的秋夕祭月有关。古人认为月亮的变化与农业生产、四季更替密不可分，是影响一年收成的重要因素之一，因此祭月慢慢就变成了一项重要的活动。

祭月的历史非常悠久，它是古人崇拜月神的表现，属于天象崇拜之一。最初的“祭月节”定在二十四节气中的“秋分”。由于每年农历的秋分日都不相同，而且不一定有圆月，加上人们后来发现离秋分不远的八月十五日，月亮总是又圆又亮，于是便将祭月节从秋分调整到了今天的中秋节。

到了北宋时期，中秋节已经发展成为中国一个非常普遍的民俗节日，大家已经习惯在这一天祭月赏月、合家团聚了。

月亮圆圆与月牙弯弯

天上的月亮，有时是圆圆的满月，有时是弯弯的月牙；不亮的部分有时大，有时小，有时整个月亮都找不到。这种变化叫“月相”，它的变化有规律可循，是太阳、地球、月亮三者的位置关系变化造成的。下面这幅图就清楚展示了什么时候月亮圆圆，什么时候月牙弯弯。

月相变化歌

初一新月不可见，只缘身陷日地中，
初七初八上弦月，半轮圆月面朝西。
满月出在十五六，地球一肩挑日月，
二十二三下弦月，月面朝东下半夜。

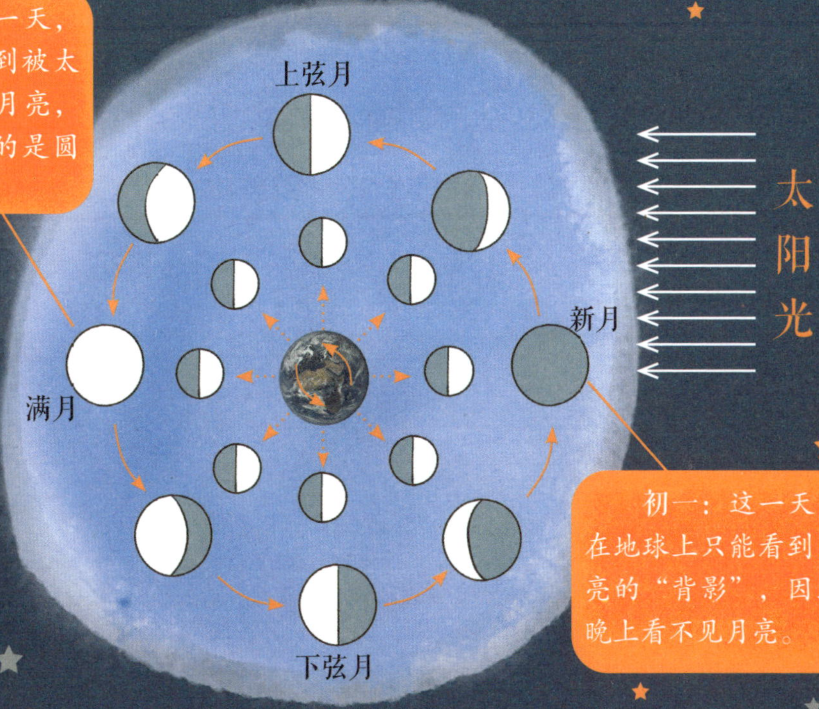
十五：这一天，在地球上能看到被太阳照亮的整个月亮，因此天上挂着的是圆圆的月亮。
上弦月
满月
新月
下弦月
太阳光
初一：这一天，在地球上只能看到月亮的“背影”，因此晚上看不见月亮。

嫦娥奔月

相传美丽善良的嫦娥是后羿的妻子，经常接济百姓，深得大家喜欢。

一天，昆仑山上的西王母送了一粒长生不老的仙丹给后羿，后羿拿到后便转交给了嫦娥保管。没想到，后羿门下的逄（páng）蒙知道了这件事，当天夜里就提剑上门，威逼嫦娥交出仙丹。几经周旋后，嫦娥发现自己并不是他的对手，为了避免仙丹落入坏人手中，于是趁逄蒙没注意，一口将仙丹吞进了肚子里。

很快，仙丹就起作用了，嫦娥的身子瞬间变轻，整个人也慢慢飞了起来，一直朝着月亮飞去。后羿回来后，发现妻子不见了，焦急地跑出家门，意外地发现妻子正站在月亮上的一棵桂花树旁深情地与他对望。后羿本想朝月亮追去，可没想到他往前跑三步，月亮就退三步。

为了纪念嫦娥，乡亲们便在院子里摆上她喜爱的糕饼，默默为远在月宫的她祈祷、祝福。这便是中秋佳节嫦娥奔月的传说故事。

广寒宫漂亮吗

不少和月亮有关的传说、故事中都提到了“月宫”，也就是“广寒宫”，据说里面住着美丽的月神、奔月的嫦娥、砍树的吴刚、捣药的玉兔等，听起来神神秘秘的。那么，神奇的广寒宫究竟有多漂亮呢？

结果可能要让你失望了，因为月亮上根本没有广寒宫，而且月亮上的白天极其炎热，夜里酷寒无比，几乎没有空气和水，人根本没办法在上面生存。月球表面更是坑坑洼洼，几乎没有任何植物，如荒漠一般。由于古人从来没有真正到过月球，一切神话、故事都来自对晴朗夜空里皎洁月光的美好想象。

虽然广寒宫并不存在，但夜空中月亮的美却是直接用眼睛就能看见的。

《水调歌头·明月几时有》

水调歌头

【宋】苏轼

明月几时有？把酒问青天。不知天上宫阙，今夕是何年。我欲乘风归去，又恐琼楼玉宇，高处不胜寒。起舞弄清影，何似在人间！

转朱阁，低绮户，照无眠。不应有恨，何事长向别时圆？人有悲欢离合，月有阴晴圆缺，此事古难全。但愿人长久，千里共婵娟。

译文

什么时候有明月呢？我拿着酒杯遥问苍天。不知道今夜天上的宫殿，现在是哪一年。我想凭借风力上天看看，又担心月宫的仙界楼台太高，我经受不住上面的寒冷。随身起舞赏玩着月光下清朗的影子，哪里像是在人间！

月儿转过朱红的楼阁，低低地挂在雕花的窗户上，照着没有睡意的自己。明月不应该对人们有什么怨恨吧，可为什么总在人们离别时才圆呢？人有悲欢离合的变迁，月有阴晴圆缺的转换，这自古以来就难以周全。只愿人们可以健康长寿，即使相隔千里也能一起欣赏这美好的月亮。

钱江秋涛

在浙江省的钱塘江沿岸，中秋节这天除了赏月，还有观潮这件盛事。

每年农历八月十五，钱塘江的涌潮达到一年的最大，翻涌的波浪可以达到两三层楼高，而且形态多种多样。对于这般气势恢宏的大潮，人们给它起了一个好听的名字——钱江秋涛。观潮这件事早在汉魏时期就已经开始，在唐宋时代达到鼎盛，即便是现在，每年都有不少游客专门在中秋节前后赶来一睹涨潮时的盛况。

由于此时的潮水气势汹汹，如果前往观潮，一定要站在安全区域内，服从工作人员的指挥。

品味桂花

桂花是中国传统十大名花之一。中秋节前后，丛丛桂花相继怒放，阵阵香甜的味道扑鼻而来。如果你生活的地方附近种了桂花树，开花时你会觉得空气就像加了蜜糖一样香甜。古人很早就发现了这一点，于是每逢中秋之夜，人们会就着阵阵桂花香赏月，有的家庭还会特制桂花酒、桂花糕、桂花糖，搭配着月饼一起享用，祝福全家人能甜甜蜜蜜、团圆一堂。

由于桂花自古就深受中国人喜爱，古代的咏花诗词中也常常能见到桂花的身影。

人闲桂花落，夜静春山空。

——【唐】王维《鸟鸣涧》

中庭地白树栖鸦，冷露无声湿桂花。

——【唐】王建《十五夜望月寄杜郎中》

不是人间种，移从月中来。广寒香一点，吹得满山开。

——【宋】杨万里《咏桂》

吃月饼

说起月饼，大家一定都不陌生，它也叫月团、丰收饼、宫饼、团圆饼等。

月饼最初是古时候的人祭拜月神的一种供品。早期的月饼，形状、颜色都和圆圆的月亮很相似，随着时间的推移，人们也逐渐把中秋赏月和吃月饼作为全家团圆的一种象征。也正是这份美好寓意，让月饼作为中秋节令食品流传至今，把月饼当成礼物送给他人，暗含送团圆、送美满的深深祝福。

如今，吃月饼早已成为全国人民过中秋的必备习俗，月饼的口味也在不断优化、改良，变得多种多样。小朋友，你喜欢吃什么馅的月饼呢？

动动手，做月饼

准备好可即食的月饼皮。

把喜欢吃的熟馅料放到皮的中心位置。

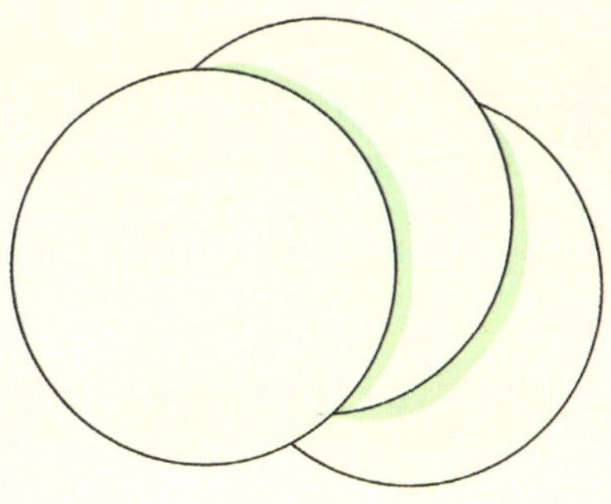

慢慢将皮收拢、搓圆。

放入月饼模具中，轻轻压平后脱模即可。

注意：如果不是即食材料，一定要放进烤箱烤熟才能吃！

中秋节小问答

考考你

1. 下面哪个中秋习俗不是全国性的习俗？

A. 吃月饼　B. 赏月　C. 看钱江潮　D. 品味桂花

2. 你能背诵《水调歌头·明月几时有》这首词吗？

3. 你知道月饼有哪些口味？请至少说出三个。

答案

1.C。2.略。3.略。

九月初九

寓意“长长久久”的节日

重阳节的时间为每年农历九月初九，根据前面的内容可以知道，它也是一个重日。数字“九”在《易经》中是阳数，九月初九相当于两个阳数重叠，因此有“重阳”的叫法，这便是重阳之名的由来。加上月数与日数都是“九”，所以重阳也叫“重九”。

两个阳数叠在一起，古人认为其中包含“九九归一”“一元肇始”“万象更新”等美好寓意，因而把它视为吉祥日，经常会在这一天饮宴、祈福、求寿。而民间又认为“九”是最大的数字，谐音长长久久，于是这一天也用来对老人表达健康长寿的祝福，重阳节也就有了“老年节”“敬老节”的叫法。

2006 年，经国务院批准，重阳节被列入我国首批国家级非物质文化遗产名录。

重阳传说：桓景除瘟魔

很久很久以前，汝河一带生活着一个祸害百姓的瘟魔，当地百姓为此苦不堪言。

沿岸有位青年叫桓景，他的父母就被这瘟魔夺去了性命，为了报瘟魔之仇，桓景决心寻仙学艺，为民除害。历经重重艰难险阻之后，桓景拜了一位仙人为师，并日夜苦学。仙人为桓景的毅力所感动，不仅传授了仙术，还给了他一把降妖宝剑。

有一天，仙人告诉桓景："明天就是九月初九，瘟魔又会出来作恶，你已学有所成，应该回去为民除害，斩妖报仇了。"回乡后的桓景谨记仙人的叮嘱，将获得的茱萸和菊花酒分发给了乡亲们，并安排他们去山上避难，桓景自己则留下来与瘟魔进行英勇搏斗。

经过几个回合的较量，瘟魔最终倒在了桓景的剑下，汝河的百姓再也不用害怕瘟魔带来的瘟疫了。

后来，重阳登高可以消灾、避祸，就慢慢成了一种习俗流传了下来。

重阳节古诗词

九月九日忆山东兄弟

【唐】王维

独在异乡为异客，
每逢佳节倍思亲。
遥知兄弟登高处，
遍插茱萸少一人。

译文

我独自在他乡漂泊，成了他乡之客，每逢重阳佳节就倍加想念远方的亲人。遥想兄弟们今天都在登高望远，大家也都佩戴了茱萸，唯独少了我一人。

登高祈福

前面介绍重阳传说时已经提到了“登高”的习俗，重阳节也因此别称“登高节”。

根据历史文献的记载，早在春秋战国时期，民间就已经形成了“登山祈福”的习俗。由于人烟稀少的山中环境复杂，气候变化多端，经常出现很多难以解释的现象，于是古人普遍认为山中住着神灵，因而对山岳充满敬畏与崇拜之心。没有山可以登的地方，人们也会用登高楼或高台的方式来代替。

另外，古人还认为依照天地日月的运行规律，重阳节的时候，一年中的阴阳气候已经发生了重大变化，“清气上扬，浊气下沉”，因此地势越高的地方，清气越丰富。登高呼吸清气也就成了古人的“常识”。

春踏青，秋辞青

“辞青”是和“踏青”相对应的一个说法，都跟大自然中的节气有关。阳春三月“踏青”，重阳时节“辞青”，这两大活动都充满了浓浓的仪式感。

前面介绍上巳、寒食、清明三个节日时提到了踏青。由于阳春三月，草长莺飞，度过了漫长冬季的人们终于可以走到户外，迎着温暖的春风活动起来。相应地，重阳作为一个秋天的节日，此时气温慢慢转凉，草木开始枯黄凋零，在秋高气爽的时候外出郊游，大有一种和“青”短暂告别的味道。这种外出游玩的活动也叫“踏秋”。

农俗——晒秋

重阳节秋高气爽的环境不仅适合登高辞青，还适合晾晒农作物。特别是在南方一些多山的地区，如湖南、广西、安徽、江西等地方，由于地势复杂，缺少大平地，加上平日阴雨天较多，干燥少雨又较为凉爽的重阳节就是晾晒农作物的最佳时期。

这时，农民们会充分利用自家的屋顶、窗台、晒架，将农作物或平铺摊开，或成串挂晒，依靠阳光晒干作物的水分，延长储存的时间，这就是“晒秋”。随着时间的推移，晒秋就慢慢变成了一种传统农俗。

重阳的植物

有两类植物与重阳节的节俗有关，其中之一就是茱萸。

茱萸是一种常绿的植物，带有一定香气，它的果实是一种中药，具有驱虫消毒等药性。重阳节时，秋高气爽，刚好是茱萸成熟的时候。因此古人便把茱萸果磨碎装进香袋并且随身携带，或者将茱萸连小枝摘下别在头发上，认为这样做有益于身体健康。后来，重阳节要插茱萸就成了一种民俗，渐渐流传开来，重阳节也因为茱萸而有了“茱萸节”“茱萸会”等别称。

与重阳节俗密切相关的另一种植物是菊花。

在古人的心目中，菊花是长寿之花，加上它能在深秋时节不畏寒冷而开花，深受古代文人的喜欢，于是慢慢形成了赞美菊花、欣赏菊花的菊文化。早在三国魏晋时期，重阳节俗之中就充满了菊花的芬芳，赏菊作诗成了一种时尚，晋代诗人陶渊明就特别喜欢菊花。到了唐宋时期，赏菊已经变成了重阳节的一项重要风俗。

菊花酒也是从菊文化中演变出来的。由于菊花的品性，加上菊花还含有一些养生成分，于是人们就酿造出了据说能祛灾祈福的吉祥酒——菊花酒。直到明清时期，重阳节喝菊花酒的习俗还非常流行。

重阳糕

根据史书中的记载，过去九月初九这天天亮时，家中父母会将切好的重阳糕放在儿女的额头上，同时嘴里念念有词，祝愿他们能步步高升，这就是制作重阳糕的本意。

重阳糕也叫五色糕、花糕、菊糕，没有固定的做法。但古代比较讲究的家庭会把重阳糕做成九层，如宝塔一般，最上面一层会做成两只小羊，或刻上羊的图案，以“重羊”谐音“重阳”。吃糕时，会在糕上插一面红纸小旗代替茱萸，并且点一盏蜡烛灯，以点灯的“灯”与吃糕的“糕”谐音“登高”。住处附近没有高地，或者不方便登高的人，便以吃重阳糕的方式“登高”。

动动手，做重阳糕

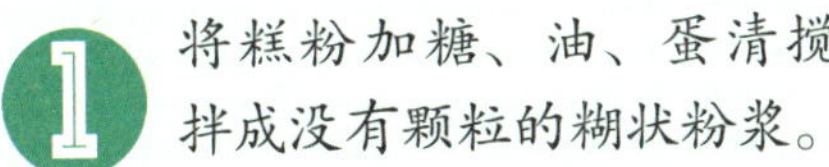

1 将糕粉加糖、油、蛋清搅拌成没有颗粒的糊状粉浆。

2 把粉浆均匀抹在容器底部后蒸熟。

3 把蒸熟的紫薯捣成泥后抹在糕上，然后再涂一层粉浆。

4 面上可以撒点葡萄干、瓜子仁、核桃仁等，然后上锅蒸熟。

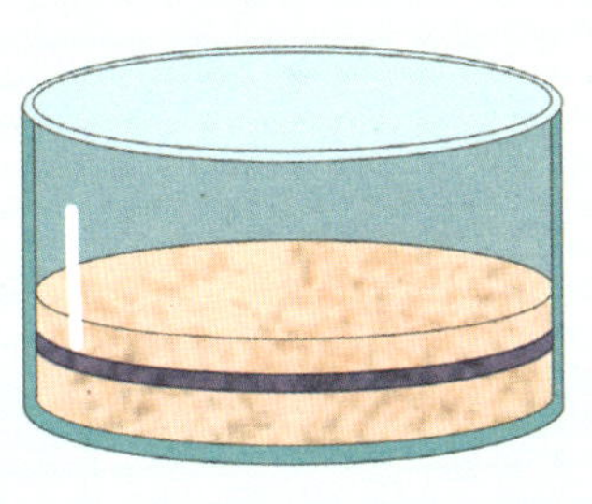

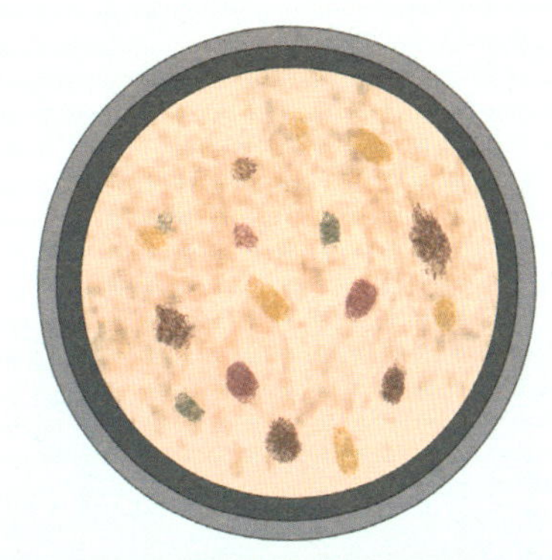

5 把蒸好的糕切成小块就能吃了。

重阳节小问答

考考你

1. 书中介绍了两种与重阳节俗有关的植物，它们分别是什么？

2. 你能背诵《九月九日忆山东兄弟》吗？

3. 我们这本书一共介绍了几个重日，你能数出来吗？

答案

1.茱萸、菊花。2.略。3.六个：春节（正月正）、龙抬头（二月二）、上巳节（三月三）、端午节（五月五）、七夕节（七月七）、重阳节（九月九）。

腊月初八

什么是“腊八”

古时候的中国人在年底时，要祭祀祖先与诸神，整个仪式的场面非常隆重，供奉的物品也非常丰盛，堪称“年度大祭”，早在周代就已经形成了相关的仪式。古人把这种祭祀叫“腊祭”，“清祀”“嘉平”等都是它的别称。由于腊祭都在农历最后一个月做，因此农历的十二月也叫腊月，腊八自然指的就是腊月初八了。

腊八古诗——《腊节》

腊节

【北齐】魏收

凝寒迫清祀，
有酒宴嘉平。
宿心何所道，
藉此慰中情。

译文

举办腊月大祭的时候已经寒气逼人，人们在桌上摆满酒肉祭祀祖先与诸神。心中积聚的那些对神明的敬畏之心去哪里抒发呢？恐怕只能借着腊月大祭来安慰自己的感情吧！

过了腊八就是年

农历腊月已到隆冬，正是天寒地冻的时节，地方民谚更是有“腊七腊八，冻掉下巴”的说法。这时的气候不适合作物生长，几乎没什么农活，是一年间最清闲的时候，也叫“冬闲”，古人会选择在这段时间围猎，然后将捕获的飞禽走兽作为腊祭的贡品祭祀诸神和祖宗，感谢因为他们而带来的丰收，同时祈求新的一年风调雨顺，能在他们的保佑下获得更好的收成。由于腊祭的主旨与春节相通，时间离春节也不远，于是形成了“过了腊八就是年”的讲法。

加上冬季气候干燥，也没有蚊虫，腊祭中作为贡品的各种肉类逐步风干，慢慢就演变成了今天既美味又耐储存的腊肉。

小孩小孩你别馋
过了腊八就是年
腊八粥，喝几天
哩哩啦啦二十三
二十三，糖瓜粘
二十四，扫房子
二十五，磨豆腐
二十六，去买肉
二十七，宰公鸡
二十八，把面发
二十九，蒸馒头
三十晚上熬一宿
初一初二满街走

释迦牟尼的故事

腊八节的众多传说中，最有名的要数释迦牟尼的故事了。

据传，释迦牟尼大约是我国春秋时期，古印度一个王国的王子，为了救苦救难而学佛法，修苦行。苦修六年的释迦牟尼形销骨立，最终因为劳累过度而晕倒。此时，一位牧羊女恰好路过，见到晕倒的释迦牟尼后，立即用牛奶搭配杂粮煮了一碗粥给他喝。喝了粥后，释迦牟尼很快恢复了体力，谢过牧羊女的恩情后，便来到菩提树下潜心悟道，并且在七天七夜之后，终于顿悟成佛，这一天正好是农历腊月初八。为了表示纪念，佛门子弟会在这一天举行法会，煮粥布施。

佛教传入中国之后，这一习俗也流传了下来。腊八这天，各寺院都会用香谷和果实煮粥，在供佛的同时，还会赠送给门下的信徒与普通百姓。相传喝了腊八粥，可以得到佛祖保佑，腊八粥也因此被称为“福寿粥”“佛粥”，而供奉腊八粥的这天也在历史的演变中，慢慢变成了一个家喻户晓的民间节日。

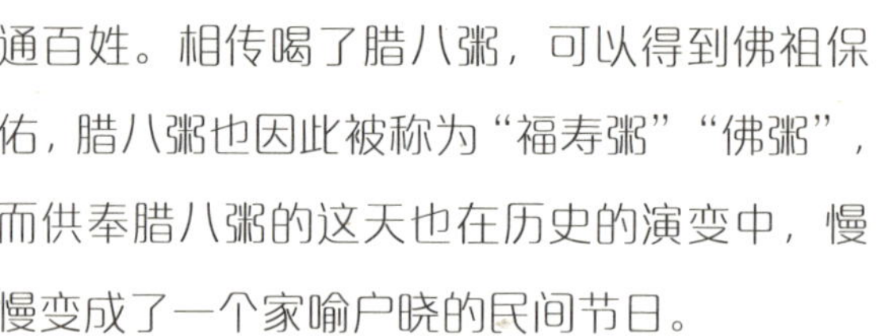

雍和宫施粥

雍和宫是老北京城东北角的一座喇嘛庙。庙里有一口巨大的锅，在清朝的咸丰帝之前，每到腊八节，雍和宫都要熬五大锅粥，其中第一锅粥供奉于佛前，第二锅粥献给朝廷，第三锅粥献给王公贵族和大喇嘛，第四锅粥献给文武百官，第五锅粥留给本寺的僧众。

第三、四、五锅里没有分完的粥会混在一起，形成第六锅粥，再分给平民百姓。每到分粥的这一天，北京城不少老百姓都会带着大小瓷碗在门口排队等候，非常热闹。直到现在，雍和宫还保留着腊八分粥的习俗，甚至还有外地人专程慕名而来。

赤豆打鬼的传说

颛顼，上古时期五帝之一。相传颛顼有贯通阴阳的超能力，但他的儿子却意外地都是厉鬼。汉朝名臣蔡邕所著的《独断》中便写道："帝颛顼有三子，生而亡去为鬼，其一者居江水，是为瘟鬼；其一者居若水，是为魍魉；其一者居人宫室枢隅处，善惊小儿。"大概的意思就是：颛顼帝生了三个儿子，死后都变成了鬼，一个住在江水边，是传播瘟病的鬼怪；一个住在若水边，是疫鬼魍魉；还有一个经常在有人居住的宫室之间徘徊，专门喜欢吓小孩子。

由于过去的人们普遍迷信，并且害怕鬼神，不管大人小孩，只要得了奇怪的病症，就会很自然地和鬼怪联系在一起。如果医生治不好病，人们就会让道士上门"驱鬼"。在道士们看来，这些恶鬼天不怕地不怕，唯独怕赤豆，"赤豆打鬼"的说法就这样慢慢在民间流传开来。于是腊八这天，人们便在粥里加上红豆，让全家人吃下去，希望能够赶走身边的瘟疫之鬼，确保全家在新的一年都健康、平安。

熬粥祭岳飞

关于腊八喝粥还有另外一个故事——熬粥祭岳飞。

岳飞是我国南宋时期的一位名将。相传，他当年率领部队在开封西南的朱仙镇抗击金兵，由于补给跟不上，不少战士都吃不饱饭，严重影响了战斗力。附近的百姓知道后，纷纷自发熬粥送往军营。也正是这一顿顿“千家粥”的补给，助力岳家军打下胜仗，成功击退了金兵。

不过，显赫的战功却没能让岳飞平步青云，反而因为奸臣的诬陷而最终失去了性命，百姓们对此是敢怒而不敢言，只能在腊月初八这天，用杂粮、豆子等原料熬成当年的“千家粥”来供奉，表达心中对岳将军的支持与思念。久而久之，民间便有了腊八喝粥纪念岳飞的习俗。

腊八美食

全国大部：腊八粥

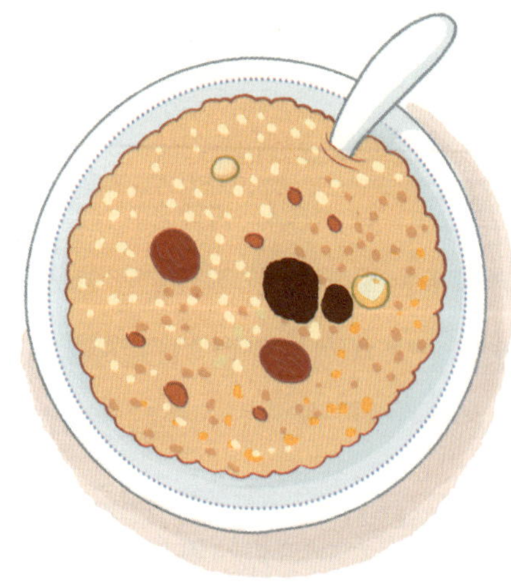

北方大部：腊八醋 + 腊八蒜

陕西：腊八面

安徽黟县：腊八豆腐

青海西宁：麦仁饭

动动手，做腊八粥

1 腊八粥一般包含八种原料，按照自己的口味搭配即可。

2 如果打算用豆类等不易煮烂的食材，别忘了先充分浸泡，这样粥会更香软。

3 把所有材料倒入锅内，加足水，烧开后改用小火熬。

4 出锅前撒点糖，粥呈黏稠状时就煮好了。

腊八节小问答

考考你

1. 下面哪个说法和“腊八”没有关系?

A. 腊祭　B. 嘉平　C. 重午　D. 清祀

2. 根据这一节的内容，下面哪个人物和“腊八”没有关系?

A. 岳飞　B. 释迦牟尼　C. 颛顼的儿子　D. 吴刚

3. 有关腊八节的美食，你能说出几种呢?

答案

1.C。2.D。3.略。

小年
腊月廿三

更年轻的“年节”

同样是年节，小年则比大年要“年轻得多”，因为它是后来才有的习俗。

汉朝时期，中国已经有类似小年的习俗了，当时的人们称之为“小岁”。这时，人们会借助美酒，向老师、长辈表达尊重之情。至于“小年”的说法，一直到宋朝时才出现。南宋词人周密在《武林旧事》中提到：“禁中以腊月二十四日为小节夜，三十日为大节日。”大概的意思是宫里把腊月二十四的晚上视为小年夜，把腊月三十视为过大年的日子。后来，这一习俗才慢慢从宫里传到民间，渐渐成了大家熟知的小年，这段历史只有几百年的时间。

今天的小年通常被视为“忙年”的开始，因为这个时候人们要开始祭灶、买年货、打扫卫生，为干干净净、舒舒服服过个好年做准备。这个忙碌准备的过程，表达的是人们心中辞旧迎新、迎祥纳福的美好愿望。

“廿三”还是“廿四”

我国的传统日历中经常可以看到“廿”字。它比“甘”少一横，读 niàn，表示二十。农历二十三就是“廿三”，二十四就是“廿四”。不过，小年究竟是“廿三”还是“廿四”呢？不同地方的人们好像有不同的说法。

其实在宋朝时，小年的时间非常明确，就是前面提到的腊月二十四。到了清朝的雍正皇帝时，他把这个日子往前提了一天，改在二十三拜灶王爷。后来，北方一些官绅百姓随之效仿，于是就出现了小年二十三、二十四并存的局面。

如今，一般把二十三称为“北方小年”，二十四则称为“南方小年”。

灶王的故事

祭灶的习俗历史悠久，早在商周时期就已经出现了。

相传，灶王是玉帝派到人间的专员，常驻人间家家户户，不仅管着一家人的饮食，还要监察人们的言行。灶王在人间待的时间很长，要从前一年的除夕一直工作到当年的腊月二十三，工作结束后，灶王就要回到天上向玉帝汇报工作，而玉帝会根据他的汇报安排对应家庭新一年的吉凶祸福，并在新的一年带回。

为了让灶王能在玉帝面前“美言几句”，古人便在这一天举行隆重的祭灶仪式，拿出美酒佳肴款待。民谣“二十三，糖瓜粘”里面提到的糖瓜，就是祭灶日的一种特色小吃。

关于灶王的真实身份，历史上一直流传着多个版本。

有人说他是炎帝，“故炎帝于火，而死为灶”这句出现在淮南王刘安的《淮南子·泛论训》中；有人说他是黄帝，清代汪汲所著的类书《事物原会》中记载了这样一句话：“黄帝作灶，死为灶神”；有人说他是火神祝融，因为原始人类对“火”这种自然力格外崇拜，而祝融又是三皇五帝中颛顼的后代，是火神，《礼记》中记录着类似的观点；远古时代，还有灶神为女性的说法，说她地位极高、权力很大，结合当时母系社会的现实来看，也不无道理……总之，无论灶神是谁，这个人都很有来头。

小年诗词

祭灶词（节选）

【宋】范成大

古传腊月二十四，
灶君朝天欲言事。
云车风马小留连，
家有杯盘丰典祀。

古人传讲在农历腊月二十四这天，灶王要到天庭上朝说事。百姓为了让上天的灶王留恋人间的好，便纷纷将家里的杯盘装满美酒佳肴，举行隆重的欢送仪式。

打扫卫生迎新春

小年里，小朋友们一定会发现，全家人都在忙着打扫家里的卫生，尽量不放过每个角落，这样做是有历史渊源的。

腊月二十四一直到除夕，我国民间把这段时间叫“迎春日”，也叫“扫尘日”，顾名思义，就是打扫尘土，迎接新春。古时候的人们扫尘迎春非常仔细，从锅碗瓢盆、瓶瓶罐罐，到被褥枕头、纱窗帘幔，统统要擦拭、清洗干净，甚至连院子里的墙角、沟渠都不放过。人们希望以这种彻底打扫的方式除旧迎新，换来新一年的好运气。

古人过年也办年货

汉朝初期，互相拜年的习俗刚刚兴起，年货就已经成了“刚需”，主要包括祭祀用品，健身、防病的食物，爆竹，等。

唐朝时期，春联、拜年帖、傩面具等物品开始出现在老百姓的年货清单上。

宋朝时期，年货清单日渐丰盛，像新衣服、新日历、大小门神、果子等物品已经和今天有几分相似。

你帮爸爸妈妈买过年货吗？你们买了些什么呢？

清朝时期，年货清单有了更多选择，除了以前有的，像琉璃、风筝、手鼓等玩具也包含在其中，颇有“买办一切”的霸气。

恭贺新春

满门平安好运来

合家欢乐迎富贵

你会写春联吗

春联就是迎春的对联，是我国一种特有的文化，讲究对仗，文字简练，往往十几二十个字，就能表达对新一年的美好祝福。

写春联一般会用到毛笔、墨汁、长条形的红纸。上下联要从上往下写，至于横批，古人一般从右往左写，现在也有从左往右写的，这与不同时代人的阅读书写习惯不同有关。

上下联的最后一个字尤其要注意，上联的最后一个字用仄声，下联的最后一个字用平声。现在读一声、二声的字，大部分都是古时候的平声字；而现在读三声、四声的字，大都是古时候的仄声字。比如“爆竹声中辞旧岁，梅花香里报新春”这两句构成的春联，前一句是上联，句尾的“岁”就是古代的仄声字；后一句是下联，句尾的“春”就是平声字。

我国的对联文化博大精深，如果大家好好学习语文，掌握了更多的相关知识，对于对联文化的感悟也会更加深刻。

漂漂亮亮的窗花

窗花是一种贴在窗户上的剪纸，过年贴窗花的年俗，北方比南方更为普遍。古时候，北方农家的窗户大都是木头做的格子窗，格子的形状多种多样，上面还会糊上一层洁白的“皮纸”，相当于现在窗户上的玻璃，既能透过阳光，又能挡风保暖。逢年过节更换窗纸时，家家户户都会贴上新窗花，用来表示除旧迎新。贴窗花表达的是对新年的美好愿望，这种习俗距离现在已经有一千多年的历史了。

新年的窗花一般都以“贵花祥鸟”“五谷丰登”“喜庆吉祥”“连年有余”为主题，并且还会生动融入莲花、牡丹、十二生肖、鱼、鸟等具有美好寓意的形象。

窗花中有相连的莲花和鱼，也就是“连莲有鱼”，谐音就是“连年有余”。

动动手，剪窗花

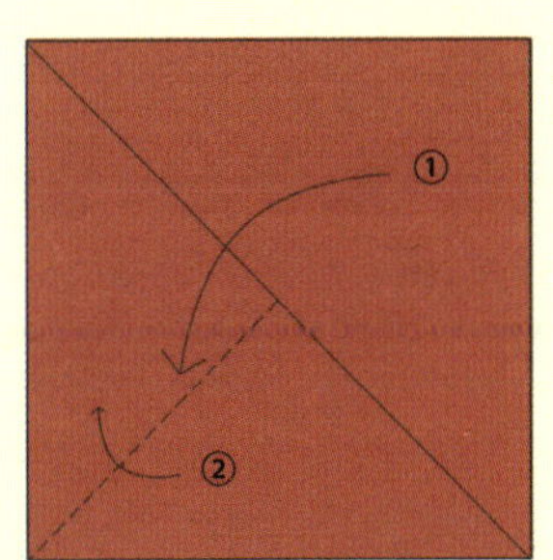

1 选一张红纸，将它剪成边长 15 ~ 20 厘米的正方形。

2 将纸沿对角对折两次。

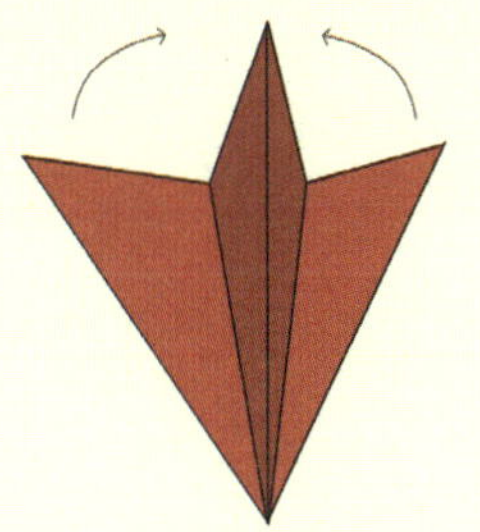

3 把两叶都往中心轴对折一次。

4 在三条边上分别画一些好看的花纹。

5 沿着纹路小心剪开。

6 现在已经完成了，展开看看效果吧。

小年小问答

考考你

1. 下面哪些习俗和传统的小年没有关系？

A. 祭灶王　B. 打扫卫生　C. 拜年　D. 贴春联

2. 下面有三句话，请你按照学到的对联知识，在括号里分别填上“上联”“下联”“横批”。

户纳千祥祥云开（　　　）

门迎百福福星照（　　　）

福祥齐聚（　　　）

3. 你见过哪些新年窗花中的图案？试着说出三个吧。

答案

1.C。2.下联；上联；横批。3.略。

除夕
腊月三十

除夕的传说

传说在很久很久以前，人间活跃着一只一角四足、凶恶残暴、外形狰狞的猛兽——夕。到了冬天大雪封山的时候，由于找不到吃的，夕就会跑到附近的村庄寻找食物，而村民们为了保全生命，不得不在寒冷的冬天外出躲避。

后来，有人意外地发现，夕特别害怕竹节和红色的东西，大家一番商量过后，想到了一个好点子。村民们从山里砍了很多新鲜的竹节带回村庄，家家户户的门口也都挂上了红布条。入夜之后，村落门口还生起了一堆篝火，大家做足了准备，只等夕的到来。

到了后半夜，伴随着一声震天怒吼，夕果然气势汹汹地来到了村口。这时，早已预备多时的村民们连忙将手中的竹节扔到火里。新鲜的竹节遇到熊熊火焰后纷纷爆裂，噼里啪啦地响个不停。见到红通通的村庄、四处飞蹿还噼啪作响的竹节，夕一下子就失去了猛兽的气势，吓得落荒而逃。

考虑到逃跑的夕今后还可能会来，第二年年底，人们也做好了类似的应对。久而久之，贴年红、挂灯笼、放鞭炮、通宵守夜……这些习俗慢慢就都流传了下来。人们为了纪念战胜“夕”的日子，便把这一天称为“除夕”。

调皮的“大年三十”

除夕是过大年的前一天，也叫“大年三十”。不过，这一天有点调皮，它有时出现在农历腊月三十日，有时却出现在腊月二十九日。这是为什么呢？

原来，这和农历的历法编排有关。和公历一样，农历也有大小月，不过哪个月大，哪个月小并不是固定的，它和月球、地球、太阳的相对运动状态有关，需要通过观测和科学推算来确定。如果赶上了农历的大月，这一年的除夕就是腊月三十；如果没赶上，就是腊月二十九。

2021 年 2 月 11 日 庚子鼠年除夕 腊月三十

2022 年 1 月 31 日 辛丑牛年除夕 腊月廿九

2023 年 1 月 21 日 壬寅虎年除夕 腊月三十

2024 年 2 月 9 日 癸卯兔年除夕 腊月三十

2025 年 1 月 28 日 甲辰龙年除夕 腊月廿九

2026 年 2 月 16 日 乙巳蛇年除夕 腊月廿九

2027 年 2 月 5 日 丙午马年除夕 腊月廿九

2028 年 1 月 25 日 丁未羊年除夕 腊月廿九

2029 年 2 月 12 日 戊申猴年除夕 腊月廿九

2030 年 2 月 2 日 己酉鸡年除夕 腊月三十

2031 年 1 月 22 日 庚戌狗年除夕 腊月廿九

2032 年 2 月 10 日 辛亥猪年除夕 腊月廿九

除夕诗词

除夜雪

【宋】陆游

北风吹雪四更初，
嘉瑞天教及岁除。
半盏屠苏犹未举，
灯前小草写桃符。

四更天刚到，北风就吹来了一场大雪，这是除夕夜里上天赏赐的祥瑞。还没来得及举起装着半盏屠苏酒的杯子，我已经在灯前忙着用草书写下新年的桃符了。

你会贴对联吗

贴对联可是一项技术活。

横批不用讲，要贴在大门的正上方，那剩下的上联和下联，谁在左，谁在右呢？你只要记住“从右到左”就行了。因为古人的书是竖着排列，从右往左写的，对联也沿用了这个顺序。所以，贴对联时，记得上联要贴在门右边，下联在门左边。

认别人家的对联时，也要从右往左读，不然就会闹笑话。

福到了

春节贴“福”字是一种由来已久的风俗，也叫“贴春牌”。无论过去还是现在，它都蕴含着对幸福生活的向往和对美好未来的祝愿。古时候，屋门、墙壁、门楣，甚至连厕所门上，都会贴上大大小小的福字。今天，这些福字有的是用毛笔写的，有的是印刷出来的，有的是剪纸剪的，有的还融入了一些艺术元素……各式各样，喜气洋洋。

剪纸福

手写福

年画福

卡通福

按照我国古代的传统，贴福字还有一套顺序。

贴的时候要从外到里，贴的福字也要从大到小。门上、墙上的福字一定要正着贴，表示“开门迎福”。

福字也有倒着贴的时候，比如厕所门、垃圾桶之类的地方，而且只能最后贴。

你认识年画吗

年画是传统中国画的一种，源于古代的“门神画”，是我国优秀的民间艺术之一，早在汉代就已出现，在唐宋时期迅速发展，并在明清时期达到鼎盛。由于这种画一般都在除夕当天张贴换新，用来祝福新年吉祥喜庆，因此称为“年画”。

吃年夜饭

大年三十这天夜里，最重要的活动要数吃年夜饭了。传统年夜饭在开饭前先要拜神祭祖，待仪式完毕后才开饭。如今，年夜饭一般专指年尾这顿阖家团圆的聚餐，因而也叫团圆饭、团年饭。家家户户都会在这一天准备平日里很少见的，或是寓意吉祥的菜品。其中鱼表示“年年有余”，鸡表示“展翅高飞”；北方的餐桌上还会出现饺子，以“更岁交子”表示“辞旧迎新”之意；至于“年糕”，则因为与“年年高”谐音，蕴含“年年高升”的祝福。哪怕是下馆子，人们也会习惯点上这些菜品呢！下次吃年夜饭时，你可以留意一下餐桌上的食物。如果爸爸妈妈把它们夹到你的碗里，千万不要拒绝哦！

守岁

吃完年夜饭，我们将迎来除夕之夜的最后一项习俗——守岁。

古时候的这一天晚上，家中的灯火会全部点亮，通宵不灭，全家人则围坐在一起，一边话家常，一边吃零食，欢闹到夜里十二点之后。如今，大家守岁的方式更加多样，还会选择看春节联欢晚会，或者玩家庭游戏等方式。

你有没有注意到，这天就算玩到很晚，爸爸妈妈也不会催促。因为这天晚睡是古时候留下来的习俗，熬过夜里十二点，寓意赶走一切邪瘟病毒，迎来新一年的吉祥如意。

动动手，包饺子

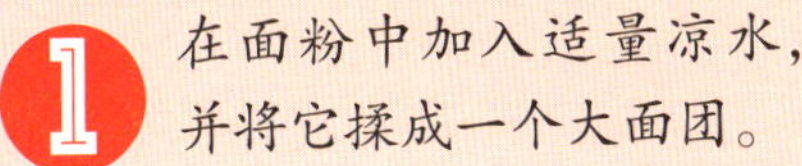

1 在面粉中加入适量凉水，并将它揉成一个大面团。

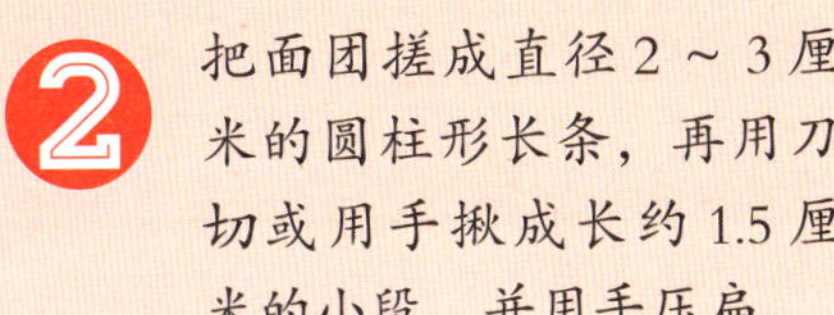

2 把面团搓成直径 2 ~ 3 厘米的圆柱形长条，再用刀切或用手揪成长约 1.5 厘米的小段，并用手压扁。

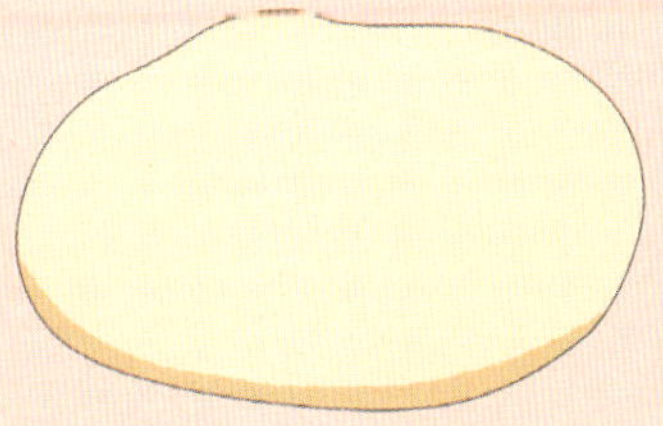

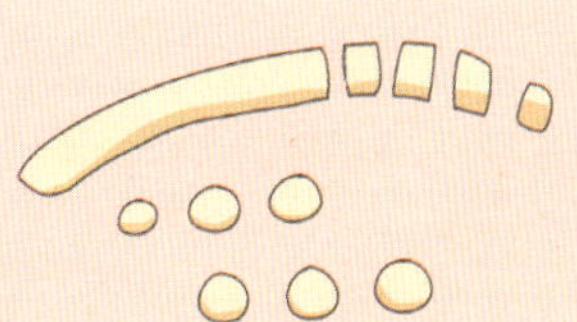

3 用擀面杖将每一块小面饼擀成中间稍厚、四周稍薄的面皮。

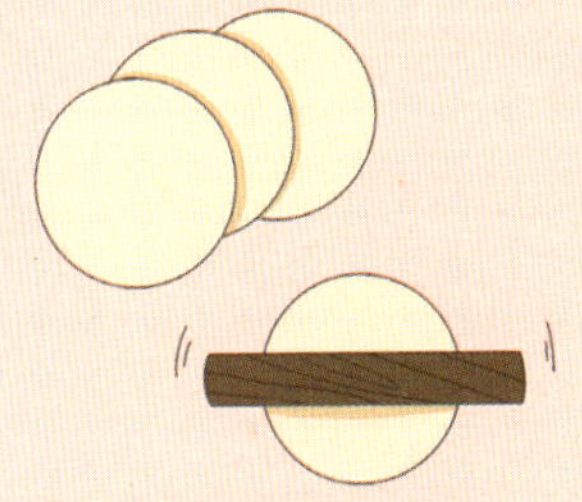

4 拿一块擀好的皮放在手心，将馅料放在中心位置。

5 将饺子皮小心对折，然后顺着一边捏出皱纹，直到捏好为止。

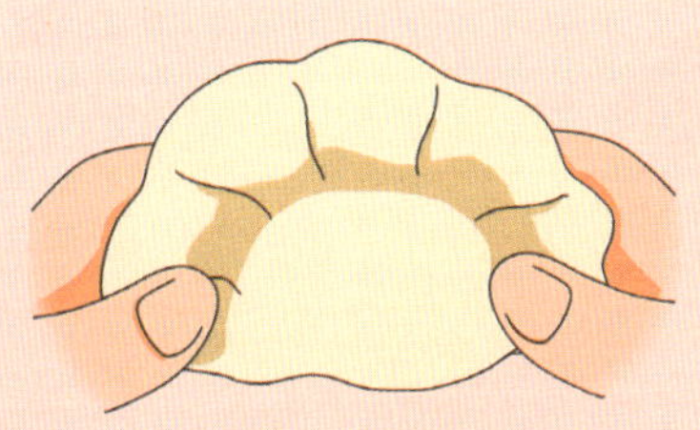

6 饺子包好后，别忘了在放饺子的地方撒点干面粉，防止饺子彼此粘连。

除夕小问答

考考你

1. 除夕（　）是腊月三十日。

A. 一定　B. 不一定

2. 给家里的正门贴福字一定要（　　）。

A. 正着贴　B. 倒着贴

3. 饺子是年味十足的食物，你喜欢吃饺子吗？你能说出三种以上的饺子馅吗？

答案

1.B。2.A。3. 略。

你最喜欢的节日

图书在版编目（CIP）数据

藏在传统节日里的秘密·秋冬卷 / 申楠编著. —北京：石油工业出版社，2023.7
ISBN 978-7-5183-6040-6

Ⅰ. ①藏… Ⅱ. ①申… Ⅲ. ①节日－风俗习惯－中国－青少年读物 Ⅳ. ①K892.1-49

中国国家版本馆CIP数据核字（2023）第099618号

藏在传统节日里的秘密·秋冬卷
申楠　编著

出版发行：石油工业出版社
（北京市朝阳区安华里二区1号楼　100011）
网　　址：www. petropub. com
编 辑 部：（010）64523609
图书营销中心：（010）64523633
经　　销：全国新华书店
印　　刷：三河市嘉科万达彩色印刷有限公司

2023年7月第1版　　2023年7月第1次印刷
710毫米×1000毫米　开本：1/16　印张：6
字数：58千字

定价：39.90元
（如发现印装质量问题，我社图书营销中心负责调换）